CATALOGUE

D'UNE COLLECTION D'ESTAMPES de choix des plus célébres Graveurs Italiens, Flamands & François ; de divers Paysages & Oiseaux peints à Gouazze, & autres Dessins & Estampes montés sous verres avec des bordures dorées.

DU CABINET DE M. ***

Par *F. BASAN*.

Dont la vente commencera le Mardi 13 Mars 1770, & jours suivans, de relevée, en la maniere accoutumée, rue Dauphine, à l'Hôtel d'Espagne.

A PARIS;

Se distribue

Chez {
BASAN, rue du Foin.
DESAINT-JUNIOR, Libr. Quay des Augustins.

M. DCC. LXX.

AVERTISSEMENT.

LES Curieux qui défireront vifiter les objets compris audit Catalogue, pourront les voir chez le Sieur BASAN, rue du Foih Saint Jacques, les quatre jours qui précéderont ladite vente d'Eftampes & Deffins.

Il y a des Portefeuilles de diverfes grandeurs qui feront diftribués dans chaque vacation.

N. B. Il y beaucoup de piéces anciennes qui font ajuftées avec des filets d'or à l'entour, & toutes les piéces modernes font des premieres épreuves.

CATALOGUE

D'une Collection d'Estampes de choix
d'après les plus grands Peintres Italiens, Flamands, Anglois & François, ainsi que de divers Dessins &
Estampes montés sous verre.

Par F. BASAN.

PREMIERE VACATION.

Du Mardi 13 Mars 1770.

Nº. 1. La Sainte Famille de Raphael, par
Edelinck, premiere épreuve.

2 L'Adoration des Bergers, d'après le même, par Bloemaert, très-belle épreuve.

3 La Magdelaine du Correge, par Daullé,
premiere épreuve.

4 La Nappe du Titien, par Masson, *idem*.

5 Le Silence du Carrache, par Henzeilman,
idem.

6 La Fuite en Egypte du Guide, par Poilly.

A ij

la Vierge du Correge, par Drevet, & deux
autres Eftampes d'après Raphael.

7 La defcente de Croix, d'après le Carrache, de deux compofitions différentes, dont
celle de Roullet.

8 La Prédication de Saint Jean au Dézert,
par Browne, d'après S. Rofe, & le dé-
part de Jacob, d'après P. Lauri, par Major.

9 Trois fujets, d'après L. Jordans, gravés
par Beauvarlet.

10 La Sainte Famille au Berceau, & l'Edu-
cation de la Vierge par Sainte Anne, gravés par Bolfvert, d'après Rubens, pr. épr.

11 La grande defcente de Croix, de la Cathédrale d'Anvers, par Vorfterman, fup. épr.

12 La Pentecôte, par P. Pontius, parfaite
épreuve.

13 La Famille de Rubens, avant la lette, &
le Tems qui coupe les aîles à l'Amour, d'a-
près van Dyck, toutes deux en maniere
noire, par M. Ardell.

14 Cinq Portraits, auffi en maniere noire,
d'après Rembrandt & autres, dont un Phi-
lofophe avant la lettre.

15 Six jolis Portraits de Femmes, par M.
Ardell.

16 Sept Portraits en maniere noire, par Faber & autres.

17 Cinq Sujets & Têtes, *idem*, dont un d'a-
près van Dick, par M. Ardell.

18 Quatre Portraits, dont le Czar par Smith,
J. J. Roufleau par Martin, Garrick dans

l'habillement de Kitely, & Mlle. Zampe-
rini ; ces trois derniers font avant la lettre.

19 Neuf Portraits d'Hommes, par Watfon &
autres.

20 Neuf autres Sujets & Portraits, *idem.*

21 Seize jolies Vignettes *in-4°.* faites pour
l'Hiftoire de la République de Hollande,
par Focke.

22 Les Muficiens ambulans, par Wille, premiere épreuve, & la Serinette, par Cars,
épreuve avant la lettre.

23 Douze Eftampes, d'après Teniers &c.
dont les Sabats, par Aliamet &c.

24 Onze Sujets & Payfages, par le Bas,
Beauvarlet &c.

25 Quatre piéces, d'après Teniers, dont la
Pêche miraculeufe, par Major &c.

26 Vingt-quatre, d'après Teniers, par Surugue &c.

27 L'Œuvre de Wouvermans, par Moyreau,
en quatre-vingt-neuf morceaux.

28 Seize autres piéces, d'après Wouvermans,
gravés par Strange, Aliamet, &c.

29 Vingt-trois *idem*, par Beaumont, Ravenet &c.

30 Quatre grandes piéces, d'après le même,
par le Bas & Laurent, dont la Chaffe au
Sanglier, le Pot au lait &c.

31 Six, d'après Wouvermans & van Falens,
par le Bas & Major, dont le Manege &c.

32 Neuf Payfages & Vues, gravés par Major
& Canot, d'après Cl. Lorain, van-Derneer &c.

33 Cinq piéces, d'après le Sueur, Jouvenet &c. dont le Magnificat, par Thomaſſin.

34 Deux ſujets de Bal, par Beauvarlet, & la Lanterne Magique & ſon pendant, par Ouvrier.

35 Quatre Eſtampes, d'après Vanloo, faiſant pendant, par Cars, dont la Nativité, épreuve avant la lettre.

36 Cinq autres, d'après Vanloo, le Moine, &c. par Beauvais, Cars, &c.

37 Douze piéces, gravées à la maniere du paſtel, par Bonnet, d'après Boucher & & autres.

38 Quatre Sujets pendans, d'après Boucher, dont Jupiter & Califto, épreuve avant la lettre, &c.

39 La Tempête & le Calme, par Balechou, premieres épreuves.

40 Six Marines, par Aliamet & le Mire, dont deux avant la lettre,

41 Six, d'après Vernet, Pillement, &c. par Canot, Coulet, &c.

42 Six, d'après Mettay, &c. par Zingg & Longueil.

43 Seize piéces, dans le gout du Lavis, par le Prince, M. de St. Non & autres.

44 Cinq, d'après Greuze, par Flipart, Beauvarlet, &c. dont la Pleureuſe.

45 Six, d'après le Nain, &c. dont quatre par Daullé, ſans lettres.

46 Six, d'après Boucher, &c. dont les Saiſons, par Daullé.

47 Neuf, d'après Deshays ; Baudouin, &c.
par Choffard & autres.
48 Vingt-sept Vues, de la Haye, & autres
piéces.
49 Dix Payfages, d'après Pillement, par Canot, Mafon, &c.
50 Six Sujets, d'après Lancret, Jeaurat, &c.
par Aliamet & autres.
51 Louis XIV. & Louis XV. en pieds, par
Drevet.
52 M. Boffuet, *idem*, prem. épreuve.
53 Les Cardinaux Fleury & Polignac, *idem.*
54 M. de Boulogne, par Wille, *idem.*
55 Huit petits Portraits dont Louis XV. par
le Mire, M. Montefquieu, &c.

DEUXIÉME VACATION;

Du Mercredi 14 Mars 1770.

56 Quatre piéces, d'après Raphael, &c. dont
le petit Chrift & le St. Michel, par Vorfterman, &c.
57 La Nuit du Correge, par Surugue, & la
même piéce par Mitelly.
58 Six piéces du vol. du Cabinet du Roy,
dont le Chrift mort du Titien, le denier de
Cezar, &c.
59 Quatre, d'après le Carrache, &c. dont
les trois Maries par Roullet, Moyfe par
Edelinck, &c.
60 Deux piéces, par Strange, d'après le Do-

miniquain & C. Maratte , & deux petites Vierges par Batholozzi , d'après Ferrata & Cypriani.

61 Quatre piéces , dont la Vierge à l'Oeillet par Boulanger , le Someil de l'Enfant-Jefus par Poilly , nommé la Vierge au linge , &c.

62 La Femme adultere , d'après le Carrache , par Bartholozzi , la Vierge & l'Ange , par Strange , d'après le Guide.

63 Deux piéces , gravées à Londres , dont l'Enfant-Prodigue , d'après S. Rofe , par Ravenet ; l'Ange qui difparoit devant Tobie , d'après Rembrandt , épreuve avant la lettre , & un grand Chrift par Pitteri.

64 Lucrece & Gunhilda , par Ravenet , d'après Cazali.

65 Trois piéces , gravées à Londres , dont une d'après van Harp , par Walker , &c.

66 Le grand Chrift , d'après van Dick , & celui d'après Jordans , par Bolfvert , anciennes épreuves.

67 Le Tombeau de Rubens , par Pontius.

68 Meleagre , par Bloemaert , & Venus allaitant l'Amour , par Galle , parfaites épr.

69 La Chaffe aux Lions , par Bolfvert , d'après le même.

70 Neuf petites piéces , par Rembrandt & Schmidt.

71 La Copie du Pefeur d'or , de Rembrandt , par le Capitaine Baillie.

72 Cinq autres , par Rembrandt & van Vliet , dont le Docteur Fauftus , la petite Tombe , &c.

73

73 Dix-huit Payfages & Marines, par Hol-
lar.

74 La Cathédrale d'Anvers, *idem*, premiere
épreuve.

75 Quatre piéces, par Th. de Brie, dont la
Bachanale, la Foire de Venife, &c.

76 Quatre Portraits, dont Charles Premier
Roy d'Angleterre, à cheual, d'après van
Dick.

77 Le Portrait d'Henry IV. par Goltius,
très-rare & belle épreuve

78 Deux Magdelaines, par Smith, dont celle
à la lampe, fuperbes épreuves.

79 Sept piéces du même, dont la Dormeufe,
le Pot de fleurs, &c.

80 Six manieres noires, d'après Teniers &
autres.

81 Trois, *idem*, par M. Ardell & Grenwood.

82 Douze, *idem*, de Smith, Bloteling, &c.

83 Cinq Portraits de femme, par Watfon &
Mac. Ardell, premieres épreuves fans
lettres.

84 Six, *idem*, par Watfon, &c. dont une
avant la lettre.

85 Dix Sujets divers, d'après Teniers, par
Surugue, Moitte, Bafan, &c.

86 Quarante-quatre piéces, d'après Teniers,
dont plufieurs à l'eau forte, par lui-même.

87 Six piéces, d'après Trooft, dont les
deux Corps de Garde, &c.

88 Treize Payfages, d'après van-Derneer, &
autres par Major, Canot, &c.

B

89 La Maladie d'Aléxandre, d'après le Sueur, & le Teſtament d'Eudamidas par de Marcenay.

90 Cinq piéces, d'après Vanloo & Nattier, dont la Comédie & la Tragédie, épreuves ſans lettres, l'Amour en pied, &c.

91 Les Baigneuſes, par Lempereur, épreuve avant la lettre; Sylene par le même, & Antiope par Feſſard.

92 Trois piéces, de Greuze, par Cars & Danzel, le Silence, &c.

93 Le Pere de Famille, & le Geſte Napolitain, d'après le même.

94 Quatre Marines, d'après Vernet, par Aliamet, dont les vues du Levant, avant la lettre.

95 Le Nouveau Teſtament & l'Enfant Prodigue, par Callot, en 23 piéces des premieres épreuves.

96 Dix-neuf piéces du même, la petite Paſſion & les Péchés Mortels, idem.

97 L'entrée d'Aléxandre & l'Académie des Sciences, par le Clerc, ſup. épreuv.

98 Quarante-trois Vignettes, d'après Gravelot, Eïſen, &c. pour l'Héloïſe, &c.

99 Quarante par Callot, Picart & autres.

100 La ſuite du Roman Comique, en ſeize piéces, d'après Pater, par Surugue.

101 Dix Payſages, d'après Pillement, &c. par Canot & autres.

102 La ſuite de l'Enfant Prodigue, en ſix piéces & dix-huit vûes, par Rigaud.

103 Les Enfans de Turefne & de Béthune,
par Beauvarlet & Melini, d'après Drouais,
des premieres épreuves.

104 M. Maffé, par Wille, avant la lettre,
& de la Tour, par Schmidt.

105 Quatre Portraits, par Balechou, dont
le C. de Bruhl, avant la lettre, &c. M.ʳˢ.
Crébillon, Jullienne, &c.

106. Six Portraits de Nanteuil & Edelinck,
dont M. de Colbert, Defcartes, Loret,
la Mothe le Vayer, &c.

107 Quatre, d'après Rigaud, dont Madame
de Nemours, M. de Luxembourg, &c.

108 Six Portraits, d'après Rigaud, Lar-
gilliere, &c. dont la Landgrave de Heffe,
par Daullé, &c.

109 Six autres, d'après Nattier, dont la
Reine, & Mefdames.

110 M. de Saint-Florentin, par Wille, prem.
épreuve.

TROISIÉME VACATION

Du Jeudi 15 Mars 1770.

111 Six Eftampes du Cabinet du Roi, dont
le Mariage de Sainte Catherine du Correge,
le Pyrrhus du Pouffin.

112 Le Déluge & le Concert, du même vol.

113 Deux piéces, par Bloemaert, la Sainte
Famille aux lunettes, & Saint Pierre reffuf-
citant la veuve.

B ij

114 Quatorze grandes vues de Naplés, &
autres piéces.

115 Quatorze Payfages, d'après Zuccarelli
& Zais, par Wagner.

116 Neuf autres, par Vivarés, d'après Mar-
torelli & Claude Lorain.

117 Seize grandes Vues & Ruines de Rome,
par Piranefe.

118 Trois piéces gravées à Londres, par
Ravenet, dont Aléxandre vifitant le tom-
beau d'Achilles, d'après Ph. Lauri, les
Bergers d'Arcadie, &c.

119 La Mort de la Vierge, & la Réfurrection du Lazare, par Rembrandt.

120 Les quatre Têtes au maillet, par Lutma,
anciennes & belles épreuves.

121 La grande Elévation de Croix de Rubens
en trois morceaux, *idem.*

122 Les trois Croix du même, fuperbe
épreuve.

123 Le Portement de Croix du même,
idem.

124 Saint Roch & Saint Laurent du même,
parfaites épreuves.

125 Huit Sujets divers, d'après Rubens &
autres.

126 Cinq Payfages gravés à Londres, d'après
Smith & Lambert, par Elliott & Peack.

127 Deux Sujets par Woollett, Celadon
& Amelie, & Ceyx & Alcione.

128 Deux autres du même, Niobé & Phaë-
ton.

129 La Voiture de Poiſſon & les Cueilleurs
de Pommes , par le même.

130 Dix-ſept Vues de Jardins d'Angleterre , par Sullivan, Woollet & autres.

131 Douze autres Vues des Jardins , de Kew
& autres.

132 Neuf Manieres noires , d'après Rembrandt, Reynolds, par Watſon, &c.

133 Les ſept Planettes, par Saenredam, ſuperbes épreuves.

134 Vertumne & Pomone, du même, *idem.*

135 Adam & Eve , du même , auſſi parfaite
épreuve.

136 Les quatre Ages , par Saenredam, & les
quatre Saiſons , par Goltius.

137 Cleopâtre & la Tricotteuſe, par Wille,
premiere épreuve avant la lettre.

138 La mort aux Rats & la Bohemienne, par
Viſſcher , anciennes épreuves.

139 Le Bal de Berghem , & celui d'Oſtade,
par Viſſcher & Suyderoef , *idem.*

140 Six piéces , d'après Berghem & Wouvermans. par Major , le Veau , &c.

141 Huit, d'après Teniers, par le Bas &
Major.

142 Dix autres, d'après Teniers & Berghem,
par Aliamet, Canot, &c.

143 Quinze Sujets divers, par le Bas , Zingg
& autres.

144 Quinze Sujets & Payſages , par Sadeler
autres, dont un ſujet hiſtorique ſur la ty-
rannie du Duc d'Albe.

145 St. Louis & St. Charles, par Edelinck, d'après le Brun, superbes épreuves.

146 Une éléuation & deux descentes de Croix, d'après Jouvenet, par Desplaces & Loir.

147 Cinq piéces de le Brun & Mignard, dont St. Charles donnant la Communion, &c.

148 Cinq autres, par Mignard, le Moine, &c. dont la Visitation par Roullet, &c.

149 Cinq autres, du Poussin, Bourdon, &c. par Poilly & autres.

150 Les quatre Elémens, de Boulogne, par par Dupuis & Desplaces.

151 Onze piéces, d'après le Brun & autres, par différens Graveurs.

152 Onze, d'après Boucher & autres, par le Bas, Aliamet, &c.

153 Cinq, d'après le Moine, Boucher, &c. par Daullé & autres.

154 Sept, d'après Boucher & Pierre, par Lempereur, Daullé, &c.

155 Six Marines, d'après Vernet & la Croix, par le Veau, dont trois sont avant la let.

156 Cinq piéces, d'après Vernet, par Aliamet & Ouvrier.

157 Cinq autres, *idem*, par Flipart & Daullé.

158 Les Baigneuses, par Balechou, d'après Vernet, superbe épreuve.

159 Huit piéces, d'après le Prince, Schenau, &c. par Gaillard, Duflos, &c.

160 Quarante-un petits Paysages, par Veirotter, Hoüel, &c.

161 Le Portrait de Justinien ; par Mellan.

162 Vingt - quatre Portraits , par Masson, Edelinck, &c.

163 L'Archevêque de Cambray, par Schmidt, ajusté à filets d'or.

164 Cinq petits Portraits, de Drevet & Fiquet, dont Louis XV. Corneille, &c.

QUATRIÉME VACATION.

Du Vendredi 16 Mars 1770.

165 Esther, Abraham, & Putiphar, ces trois piéces gravées par Strange, d'après le Guerchin & Guide,

166 Six piéces du Cabinet dn Roy, d'après Correge & Guide , dont les Travaux d'Hercule.

167 Huit autres, *idem*, dont le Silence & Sainte Cecile, par Picart, &c.

168 Quatre piéces, gravées à Londres par Ravenet, &c. d'après le Guide, &c.

169 St. Jerôme, gravé par Beauvais, pour le vol. de Dresde, d'après van Dick, épr. avant la lettre, & deux autres du même vol. par Daullé.

170 Vingt-quatre Vues de Venise & d'Hollande , par Brustolini & Liender.

171 La Vierge & l'Enfant, sujet en rond, d'après le Titien, & Sursum Corda, gravés par Bloemaert, superbes épreuves.

172 Trois Sujets de Vierges, dont la Couseuse du Guide , par Edelinck.

173 Sept Ruines & Marines, d'après différens Maîtres, gravés par Elizabeth Coufi-
net, Femme Lempereur, & autres.

174 Quatre piéces, d'après Rubens, dont la
Sufanne, par Vorfterman, la Vierge au
Mouton, &c. anciennes épreuves.

175 La Préfentation au Temple, d'après Rubens, fup. épr.

176 Deux Affomptions, du même, par Bolfvert & P. Pontius.

177 Le repas d'Hérode & la Magdeleine
chez le Pharifien, d'après le même, anciennes épreuves.

178 L'embarquement des Vivres, & l'Ancien
Port de Gênes, d'après Berghem, par
le Bas & Aliamet.

179 L'Enfant Prodigue, les Œuvres de Mi-
féricorde, & un grand Port de Mer, d'après
Teniers, par le Bas.

180 La Mort de Senecque, par Ravenet,
d'après L. Jordano, Pyrrhus aux pieds de
Glaucias Roi d'Illyrie, par Hall, d'après
Weft, jeune Peintre Anglois, dont les
talens méritent les plus grands fuffrages.

181 Le Procureur & fes Clients, d'après
Holbein, & un Repas Fd. d'après van
Harp, gravés par Walker & Taylor.

182 Quatre grands Payfages de Cl. Lorain,
gravés à Londres par Peack Maffon, &c.

183 Quatre autres gravés par Woollett,
Byrne & Elliot, d'après Rofe de Tivoli,
Cl. Lorain, &c.

484

184 Deux grandes Ruines, d'après Bambo-
boche, par Canot.

185 Huit piéces, par différents Auteurs ;
dont la Vierge & Tobie, par Viffcher,
du Cabinet de Reinft, &c.

186 Quatre beaux Payfages, d'après Patel,
par Vivares.

187 Lord Bernard & fon pendant, d'après
van-Dyck, par Mac Ardell.

188 Cinq piéces, d'après Rembrandt, dont
le tailleur de Plumes, & deux autres,
épreuves fans lettres, &c.

189 Saint Hubert & Saint Jérôme, par Alb;
Durer, belles épreuves.

190 Six piéces, par Bloemaert & Sadeler,
anciennes épreuves.

191 La Ducheffe d'Ancafter en pied, &
fon pendant, en manière noire, d'après
Reynolds, par Dixon, premiere épreuves
avant la lettre.

192 Deux autres piéces de même grandeur,
dont un allégorie fur la Danfe, & M^{iff}.
Eliott, par Watfon, *idem.*

193 Lady Bunbury, facrifiant aux Graces,
& Elizabeth Keppel, faifant pendant, toutes deux d'une compofition très-agréable,
d'après Reynolds, & fupérieurement bien
gravées en manière noire, par Fifcher.

194 Treize Sujets en manière noire, par M.
Ardell, Faber, &c.

195 Vingt autres petits Sujets, auffi en manière noire, *idem.*

C

196 Des Enfans jouant avec un Mouton,
d'après Wright, par Green, & deux
Dames, dont une tient une corbeille de
fleurs, d'après Reynolds, par Dixon; ces
deux piéces très-bien gravées en manière
noire, font avant la lettre.

197 Quatorze Sujets, d'après Teniers, par
le Bas, le Mire, &c.

198 Douze autres, *idem*, par le Bas,
Chenu, &c.

199 Vingt-trois autres, *idem*, par Major &
autres.

200 Trente-un autres, par Tardieu, Lepicié,
&c.

201 Douze fujets de Dévotion, d'après le
Bourdon & autres.

202 Onze autres piéces, *idem*, par Daullé,
Poilly, &c.

203 Trois piéces de Coypel, dont Adam &
Eve, & la Réfurrection.

204 Trois autres, *idem*, Rebecca, Sacrifice
d'Abraham, & l'Annonciation.

205 La Vierge au raifin, par Roullet, &
le Mariage de Sainte Catherine, par Poilly,
anciennes & belles épreuves.

206 La Magdeleine des Carmelites, & Sainte
Cecile, d'après Mignard, *idem*.

207 Chrift mort, du Bourdon, par Boulanger, premiere épreuve, & la priere au Jardin, d'après Reftout, par Drevet.

208 Huit piéces, d'après Vanloo, & autres,
par Salvador, le Veau, &c.

209 Sept autres d'après Boucher, par Daullé & Gaillard.
210 Huit d'après Parocel & autres, par le Bas, Major, &c.
211 Huit d'après Vernet, par Madame Lempereur, Mlle. Coulet & Duret.
212 Sept d'après Greuze, par Flipart, Moitte & autres.
213 Quarante-trois petits Paysages, Vignettes, &c. par Major, Ingouf, &c.
214 Dix-huit piéces gravées à l'imitation du crayon, par Desmarteau, d'après Boucher & autres, des premieres épreuves.
215 Quatre grands Paysages d'après Pillement, par Woollett, &c.
216 Dix-huit petits Paysages, d'après Veirotter, &c. par le Veau, &c.
217 Vingt-un Sujets divers, par différents Graveurs.
218 Les Cardinaux Dubois & Fleury, par Drevet, d'après Rigaud.
219 Samuël Bernard, *idem*.
220 Trois Portraits, dont l'Evêque de Metz, par Daullé, le Cardinal Tencin, par Wille, &c.
221 M. de Marigny, par Wille, d'après Tocqué, premiere épreuve avant la lettre.

CINQUIÉME VACATION.

Du Samedi 17 Mars 1770.

222 La Vierge Jardiniere, Saint Jean au

Défert, la Vision d'Esechiel, & David,
par Chereau ; ces quatre piéces font partie
du volume de Crozat, & font avant la
lettre.

223 Vingt-cinq petites Têtes, compofées &
gravées à Parme, par Boffi.

224 Trois piéces, fçavoir, Pitteri, Piazetta &
Goldoni, ces trois Portraits font gravés par
Pitteri, à Venife, & de plus, le Portrait de
Dietricy.

225 Quatre Portaits d'après le Titien, du
Cabinet de Reinft, dont Bocace, l'Aretin,
&c. premieres épreuves.

226 Venus careffant l'Amour, d'après L.
Jordano, par Bartholozzi, & Venus &
Adonis, par Hall, d'après Weft.

227 Diane & Acteon, par Woollett, & un
Satyre enchaîné par l'Amour, par Walker,
d'après Ph. Lauri.

228 La Circoncifion, par Bartholozzi, d'a-
près le Guerchin, & deux fujets du fomeil
de Jefus, d'après le Guide, par Strange
& Ravenet.

229 Trois Payfages, par Woollett, d'après
Carrache, Pouffin & Richards.

230 Six, *idem*, d'après Zuccarelli, Lambert, &c. par Vivarés.

231 Douze Payfages d'après van. Velde, &c.
par Aliamet, le Bas & autres.

232 Six piéces, d'après van. Dyck & Rubens, par Bolfvert & autres.

233 Six d'après Rubens & Jordans, dont
le Roi-boit, &c.

234 Saint Martin de Tours, d'après Jordans, parfaite épreuve.

235 Le Cavalier de la mort , **par Albert Dur** , très-bonne épreuve.

236 Le petit Concert , d'après Brauwer , par Viſſcher, & les Fileuſes, par Suyde-roef , anciennes & belles épreuves.

237 Deux Sujets, par J. Viſſcher , d'après Oſtade , la Fileuſe & ſon pendant , parfaites épreuves.

238 Quatre petits Sujets , par Bloemaert & Matham , ſuperbes épreuves.

239 Quatre piéces Hiſtoriques, par Luycken & R. . de Hooge , dont la cruauté Françoiſe exercée dans un Village d'Hollande, la Digue rompue , par Picart , &c.

240 Huit piéces, d'après Wouvermans, par J. Viſſcher , des premieres épr.

241 Un grand Payſage, par le Bas, d'après Cl. Lorain, avant la lettre.

242 Trois autres , d'après le même, par Vivarès.

243 Trois piéces, gravées à Londres, d'après Carrache , Benedette Caſt. & le Moine, par Woollett, Walker, &c.

244 Un Repos en Egypthe , d'après le Carrache , gravé en maniere noire par Earlom, & une Sainte Famille, d'après C Maratte, par Taſſaert.

245 Sept Femmes, auſſi en maniere noire, par M. Ardell & Houſton.

246 Quatre autres, par M. Ardell & Houſ-

ton ; premieres épreuves avant la lettre.

247 Trois grandes manieres noires, par Fiſcher & autres, dont Garrick entre la Tragédie & la Comédie, un Scene de Comédie, dont Garrick lui-même eſt l'auteur, & où il eſt repréſenté comme de retour dans ſa Fer-me, &c.

248 Deux grandes Marines, par Watſon, en maniere noire, épreuves avant la lettre.

249 Dix-ſept piéces diverſes, en maniere noire, par Bloteling, Spooner, &c.

250 Un Chien caniche, *idem*, par Watſon, épreuve avant la lettre.

251 Quatre Sujets, *idem*, d'après Rem-brandt, Falconet, &c. par M. Ardell & autres.

252 Les Enfans du Roy d'Angleterre, par Watſon, premiere épreuve ſans lettres.

253 Deux Portraits, d'Hommes, d'après Rembrandt, par Pether, *idem*,

254 Quatre manieres noires, d'après Ru-bens, Rembrandt, &c. par M. Ardell, Haïd, &c.

255 Le Concert de famille, & l'Inſtruction paternelle, par Wille.

256 Six Sujets, d'après Oſtade, par Schmidt, Beauvarlet, &c.

257 Cinq, d'après G. Dow, par de Mar-cenay, Beauvarlet, &c. dont pluſieurs ſont avant la lettre.

258 Six, *idem*, par Wille & Chevillet.

259 Douze, d'après Metzu, Nétſcher & au-tres, par Daullé, Boizot, &c.

260 Seize piéces, d'après Mieris, Oftade,
&c. par Beauvarlet, Moitte, &c.

261 Trois grandes piéces, d'après Jouvenet,
&c. dont la Préfentation au Temple, par
Loir, &c.

262 Douze, d'après le Sueur, Detroy, &c.
par Cars, Defplaces, &c.

263 Six, d'après Jouvenet, Dietricy & Eï-
fen, par Daullé, Ouvrier & Vaffeur.

264 Les Conquêtes de Louis XIV. en cinq
piéces, par le Clerc, d'après le Brun.

265 Vingt-fix piéces des mêmes Conquêtes,
par le Clerc & Chatillon.

266 Cinq, par Cars, Flipart & autres, d'a-
près le Moine, Natoire, &c.

267 Neuf, d'après Coypel, la Grenée, &c.
par Defplaces, Picart, &c.

268 Onze, d'après Chardin, Jeaurat, &c.
par Gaillard, le Bas, &c.

269 Quinze Sujets, d'après différens Maîtres,
par Hogarth & autres.

270 Les quatre heures du jour, d'après Vernet, par Cathelin.

271 Le Repofoir, par Labclle, fuperbe
épreuve.

272 Les Miferes de la guerre, par Callot,
en dix-huit piéces, *idem*.

273 Quatre piéces, par le même, dont le
paffage de la Mer rouge, & la grande rue
de Nancy.

274 Les environs de Paris, en neuf grandes
Cartes, par l'Abbé de la Grive.

275 Vingt-quatre Payfage, d'après Pillement
& Desfriches, par Canot, &c.

276 Le Comte d'Harcourt, par Maſſon, d'a-
près Mignard.

277 Le Cavalier, par Btoleling, d'après
Wouvermans, premiere épreuve, & M.
Neſtier à cheual, par Daullé.

278 Madame Heliot, par Edelinck, & Mlle.
le Couvreur, par Drevet.

279 Quatre Portraits par de Marcenay, le
Roy de Pologne, le Vicomte de Turefne,
le Mar. Saxe, & Mirabeau.

SIXIÉME VACATION.

Du Lundi 19 Mars 1770.

280 La Transfiguration, par Thomaſſin. &
l'Ecole d'Athenes, d'après Raphael.

281 La Bataille de Cavaliers, d'après L. de
Vincy, par Edelinck.

282 Venus couchée, d'après le Titien, &
l'Amour dormant, d'après le Guide, par
Strange.

283 Trois fujets de Vierges, en maniere
noire, d'après le Parmefan, Morillos, par
M. Ardell, Phillips, &c. dont celle du
Parmefan, auant la lettre.

284 Quatre petits Sujets de Vierges & autres, de forme ronde, d'après le Guerchin, le Guide, &c. gravés en maniere
noire par Earlom, &c.

285 La Rupture dn pain par N. S. grande
piéce d'un bel effet, gravée par Bolſvert,
d'après Rubens, belle épreuve.

286 Le Retour d'Egypthe, par Bolſvert, &
St. Pierre recevant les Clefs, d'après le
même, anciennes & belles épreuves.

287 La grande Judith, d'après le même,
par C. Galle, ſuperbe épreuve & ajuſtée
à filets d'or.

288 Les trois Graces, du même, par P. de
Jode, *idem*.

289 L'Enlevement d'Hypodamie, *idem*, par
Baillu.

290 Le Quos Ego, *idem*, par Daullé, épr.
ſans lettres.

291 Le Jardin d'Amour, *idem*, par Lempereur, auſſi ſans lettres.

292 Trois piéces, d'après Jordans, dont le
Roy-boit, Baucis & Philemon, &c.

293 Le Reniement de St. Pierre, & N. S.
chez Nicodême, d'après Segers, anciennes épreuves.

294 Neuf piéces, d'après van Dick, Rubens, &c. dont Belizaire par Scotin, &c.

295 La Sainte Famille, d'après C. Maratte,
en maniere noire, par Smith.

296. Quatre piéces en hauteur, auſſi en maniere noire, par Ardell. Haïd & Earlom,
dont Elizée, & le Sacrifice d'Abraham,
épreuves ſans lettres.

297 Trois autres, *idem*, Moïſe ſauvé des
eaux, par Ardell ; le petit St. Jean, d'a-

D

près le Morillos, par Green, sans lettres ;
& un Paysage très - bien gravé nouvelle-
ment, par Earlom.

298 Jacob & Ezaü, d'après l'Espagnolet,
par Philips, épreuve avant la lettre ; & la
Bénédiction de Jacob, d'après West, par
Green.

299 Deux piéces en travers, par M. Ardell,
d'après Rembrandt ; le Denier de Cesar,
& une Famille dans une chambre, dont le
Tableau original est au Palais-Royal.

300 Quatre manieres noires, avant la lettre,
portraits de femmes, par Watson & autres,
dont la Comtesse de Waldegrave avec son
fils, &c.

301 Quatre Portraits, *idem*, dont le Roy &
la Reine de Danemarck, la Duchesse de
Marlborough, &c. par Watson, &c.

302 Trois, *idem*, dont la Duchesse de
Daughter, par Fischer, &c.

303 Deux jolies Compositions, d'après Ostade, dont une en maniere noire, & l'autre gravée par le Capitaine Baillie, dans la
maniere de Rembrandt.

304 Quatre Portraits divers, dont Bouma
par Visscher, Jean de la Chambre, par Suyderoef, d'après Franç. Hals ; le Prince
de Carignan, & Rubens, par P. Pontius,
anciennes épreuves.

305 Six piéces, par Ostade & Dusart, dont
la Fricasseuse par Visscher, &c.

306 Huit, d'après Gerard Dow & autres,
par Beauvarlet, Voyez, &c.

307 Six, d'après Teniers, par le Bas & Tardieu, dont les Miseres de la guerre, &c.

308 Quatre manieres noires, d'après Hemskirck & Teniers, par Earlom, &c.

309 Douze piéces, par le Bas, Lempereur, &c. d'après Teniers.

310 Dix autres, *idem*.

311 Dix-huit autres, *idem*.

312 Les Batailles d'Alexandre & de Constantin, en huit piéces, par Audran & Tardieu, d'après le Brun.

313 Les quatre Elémens, d'après Boulogne.

314 Cinq piéces, d'après Coypel, dont les quatre sujets de Solon, &c.

315 Le Bacha, par Lepicié; la Continence de Scipion, & son pendant; & la Maladie d'Antiochus, par le Vasseur.

316 Six piéces, par Cars, d'après le Moine, Iphigénie & pendant, Androméde & ses pendans.

317 Sept, d'après Pierre, par Lempereur & autres, dont Europe, Ariadne, &c.

318 La grande Venus de Boucher, & les Œufs cassés, par Moitte.

319 Quatre grandes Marines, d'après Vernet, par le Bas, Vue de Naples, Port de mer d'Italie, &c.

320 Les Enfans de France, & Joseph, par Beauvarlet.

321 Quatre piéces, d'après Vien, faisant pendant, dont deux par Beauvarlet avant la

D ij

lettre, & les deux autres par Flipart.

322 Le Pont-neuf, par Labelle, épr. prem.

323 Cinquante-deux petites piéces, par Callot, la vie de la Vierge, le martyr des Apôtres, le maſſacre des Innocens, &c.

324 La Pierre du Louvre élevée au Fronton, gravée par le Clerc, premiere épreuve.

325 Vingt piéces, par le même, petites Conquêtes, &c.

326 Trois beaux Portrais en maniere noire, par Watſon, Sr. Jeffery, le Marquis de Taviſtock, épreuves ſans lettres, & Paiſne avec ſon Flls regardant un plan.

327 Le Général Ligonier à cheval, & le Marquis de Granby en pied auprês d'un beau Cheval, ces deux grandes piéces ſont ſupérieurement bien gravées en maniere noire, par Watſon.

328 Quinze portraits divers, par Houbraken, dont pluſieurs rares.

329 Quatre autres, *idem*, dont le Czar, Scriverius, &c. ſup. épr.

330 Louis XIV. & Louis XV. en pied, par Drevet, d'aprês Rigaud.

331 Trois Prélats, *idem*, Mrs. de Beauveau, Vintimille, & Milon.

332 Cinq Portraits, dont Rubens, par Woollett, avant la lettre, ainſi que Mrs. Boucher & Col. de Vermont, par Salvador, &c.

333 Dix Portraits divers, par Schmidt, Daullé & autres.

SEPTIÉME VACATION.

Du Mardi 20 Mars 1770.

334 Quatre Eſtampes avant la lettre , d'après
C. Maratte , &c. dont la Galathée par Audran , &c.

335 Quatre, par Strange , d'après Raphael &
P. de Cortone , dont Remus, &c.

336 Trois , *idem* , Belizaire , Cleopatre & la
Libéralité.

337 L'enlevement des Sabines , & Perſée ,
par Beauvarlet & Sornique , pour le vol. de
Dreſde , épreuves avant la lettre.

338 Tarquin & Lucrece , par Tanjé , & deux
autres d'aprês le Feti , par Camerata , auſſi
pour le vol. de Dreſde.

339 Mars couronné par la Victoire , d'après
Rubens , par Tanjé , & la mort d'Adonis ,
par Beauvarlet , du même vol.

340 La Toilette de Venus & le Jugement
d'Hercule , par Strange.

341 Quinze Ruines, d'après J. Paul, par Vi-
varês , &c. dont le Pantheon , &c.

342 Six Sujets , d'après Luc. Jordans , par
Beauvarlet , dont trois ſont avant la lettre.

343 Trois piéces , gravées à Londres par Ravenet & Canot , dont Pyrame & Thiſbé ,
d'après Rembrandt , Sophoniſba , &c.

344 Les quatre Saiſons & la Laitiere , par Sadeler , d'après le Baſſan , anc. épr.

345 Deux jolis ſujets d'Enfans faiſant pendans,

d'après van-Dick & Laireſſe, par Bary,
&c. ſup. épr.

346 Un Sujet emblêmatique, par Natalis, d'a-
près le Titien, où une Femme tient une
boule, ayant un guerrier auprès d'elle ; la
Débauche des Officiers, par Wyngaerdt,
& la Vieille à ſa toilette, du Cabinet de
Rheinſt, belles épreuves.

347 Le Maſſacre des Innocens, de Rubens,
en deux feuilles, par P. Pontius, ſup. épr.

348 La Thomyris, idem, ancienne épr.

349 Le Denier de Ceſar, par Vorſterman,
parfaite ép.

350 La Converſion de St. Paul, idem.

351 Une ſuite de quatorze Apôtres, d'après
Rubens, par Ryckmans, n°. 637 du Catalogue de la vente du ſieur Cayeux, & n°.
2 du Catalogue de l'Œuvre de Rubens, par
Baſan, page 198 & de plus vingt-neuf petits
ſujets nommés Velins, par Bolſvert, &c.

352 La grande Fête Flamande, par Feſſard,
& le Carême prenant par Voyez.

353 Le Concert, & le Satyre jouant de la
Flutte, d'après Jordans, anciennes épr.

354 La petite Vierge de Schidon, premiere
épreuve, & l'Amour & Pſiché par Smith,
en maniere noire.

355 Un grand Payſage, d'après R. Savery,
gravé par Major, anc. épr.

356 Deux grands Payſages, par N. de Bruyn,
ſup. épr.

357 L'Age d'or, par Bloemaert, & l'Enfant
Prodigue par de Gheint.

358 Trois piéces gravées à Londres, dont Lucrece par Ravenet, &c.

359 Che. Tottager, & son pendant, d'après Dusart, par Voollett,

360 Cinq sujets, d'après van-Dick & autres, dont la Continence de Scipion par Miller, St. Martin par Chambers, &c.

361 Un Dogue d'Espagne, par Voollett, auant la lertre, & un sujet en hauteur, par le même, d'après Dusart.

362 Trois grands Paysages, dont deux d'après Smith par Woollett, & un autre par Byrne, d'après Zuccarelli.

363 Huit Paysages gravés à Londres, par Major, Elliott, &c.

364 Quatre Vues nouvelles de la Ville de Londres, par Rooker.

365 Quatorze Sujets divers, par Hogarth.

366 Susanne surprise par les Vieillards, par Earlom, d'après Rembrandt.

367 Le Maître de la Vigne payant ses Ouvriers, & le vieux Rabin, par Pether, d'après Rembrandt, épreuves sans lettres.

368 Trois Portraits de femmes, par M. Ardell & Watson, & Venus & l'Amour en pieds par Philips.

369 Venus & l'Amour, par Philips, & trois Portraits de femmes par M. Ardell.

370 Neuf piéces, d'après Teniers & autres, par Daullé, &c.

371 Deux grandes Fêtes Flamandes, & la Vue d'Anvers, par le Bas, d'après Teniers.

372 La grande Fête Flamande, par Major;
La Fête de Village & son pendant, gravés
le Bas, d'eprès Teniers.

373 Deux Calvaires & le Serpent d'Airain,
d'après le Brun & Poilly.

374 Le massacre des Innocens, & la chute
des Réprouvés, d'après le Brun, grandes
piéces de deux feuilles chacune.

375 Le développement général de la Galerie de Versailles, par Cochin.

376 Les quatre grands Tadleaux de Jouvenet
qui sont à St. Martin, & gravés par Duchange, &c.

377 Six grands morceaux divers, par Dupuis
Cochin, &c.

378 Trois, *idem*, d'après Coypel & autres,
dont le Jugement de Salomon, par G. Audran.

379 Quatre, *idem*, de Coypel & Boulogne,
dont la colere d'Achilles & son pendant,
par Tardieu.

380 Trois piéces de Coypel, Diane au Bain,
Apollon & Daphné, & Angelique & Medor.

381 Cinq, *idem*, dont Thalie chassé, son
pendant, & autres.

382 Trois grands sujets, d'après Watteau, par
Larmessin, Cochin &c.

383 Les Quatorze grands Ports de France,
d'après Vernet, par Cochin & le Bas.

384 La Vue d'Orléans par Choffard, & trois
autres Marines par Charpentier & Mlle. Coulet.

385

385 Quatre grandes Marines, d'après Vernet,
par Daullé & Duret, dont la Fête fur le
Tybre, &c.

386 Le Paralitique, d'après Greuze, par
Flipart.

387 Cinq grandes piéces & Cartes, dont
George II. Roy d'Angleterre à cheval,
par Ravenet.

388 La grande Foire de Florence, par Callot, ancienne épreuve.

389 Le Maréchal de Villars, d'après Rigaud,
prem, épr.

390 Quatre Portraits, par Wille, le Roy
de Pruffe, le Prétendant, le Mar. deSaxe,
& Madame Rigaud.

391 Les Comtes de Toulouze & d'Evreux,
par Drevet & Schmidt.

392 Trois Portraits, par Daullé, dont Rigaud
peignant fa femme, Gendron, & Mignard.

HUITIÉME VACATION.

Du Mercredi 21 Mars 1770.

393 Les cent quatre-vingt-deux Eftampes
qu'a fait graver M. Crozat, toute premiere
édition, relié en trois vol. gr. pap. avec la
defcription.

394 Le Cabinet de M. Boyer-Daguilles, en
cent dix-huit morceaux, gravés par Coel-
mans, avec la defcription, *in-folio*, rel. en
veau.

395 La Galerie du Luxembourg, anc. épr.

396 Les Vues des Palais & Maifons Royales

de France ; par Rigaud, vol. *in-fol.* oblong
relié, composé de près de cent morceaux.

397 Un vol. oblong relié, contenant les Ruines, Fontaines & Jardins de Rome, par
Falda.

398 La Vie & la Paſſion de N. S. & pluſieurs
autres Sujets & Payſages, gravés par M.
Kuſſel, d'après V. Baur, en cent cinquante
planches, reliés en un vol. oblong.

399 Un vol. contenant cent cinquante Payſages compoſés & gravés par Perelle.

400 Une Brochure *in-fol.* contenant cent
Vues d'Italie & de France, par Silueſtre &
Perelle.

401 Six petites Brochures *in-4°.* contenant
chacune cent Vues d'Hollande, très-joli-
ment gravées d'après Rademacker.

402 Une Brochure *in-fol.* contenant ſoixante-
une Statues & Buſtes, par Mellan & Bau-
det, du Cabinet du Roy.

403 Deux volumes brochés contenant des
Vues d'Amſterdam.

404 Une petite brochure *in-4°.* contenant
ſoixante-trois piéces, compoſées & gravées
à l'eau-forte par Dietricy.

405 Un vol. *in-4°.* relié en parchemin, contenant trois cent Vues & Ruines d'Hollande, gravées par Rademacker, avec expli-
cation en François, Anglois & Hollandois.

406 Le Labyrinthe de Verſailles *in-8°.* avec
figures de le Clerc.

407 Les Fables de la Mothe, en cent planches, par Gillot & autres.

408 Les trois premieres livraisons de la suite
des Métamorphoses d'Ovide *in*-4°. prem.
épreuves, composant ensemble cent six
planches, gravées par le Mire, St. Aubin,
de Gheindt & autres habiles Graveurs, avec
la Quittance de Souscription pour laquelle
il y a encore dix-huit liv. à payer en recevant
les trente-quatre dernieres Estampes, qui
se délivreront à la fin de Mars 1770.

409 Dix Cahiers de Fleurs, par Teissier, &
Saint Aubin, bien enluminées.

410 Les dix-huit Cahiers d'Oiseaux colorés,
de M. de Buffon, composés de vingt-quatre
piéces chacun.

411 Quarante-une petites Marines colorées,
d'après Ozane.

412 Quatre-vingt-quatre Estampes des Con-
tes, d'après Eïsen, par le Mire, Aliamet
& autres, avec les Culs-de-lampes & Vignettes, des premieres épreuves.

413 Un volume contenant divers petits Portraits, par de Marcenay & autres ; beaucoup de Vignettes d'après Cochin, Gravelot Eïsen, &c. pour les Œuvres du Tasse,
de Voltaire, de Piron, &c. dont on fera
plusieurs lots.

414 Trente-cinq Vignettes *in*-8°, pour les
Œuvres de Corneille, d'après Gravelot.

---

*Estampes & Dessins montés sous verres en belles
bordures dorées.*

415 Quatre très-jolis Paysages & Oiseaux à

la Guazze, par Agricola & Lallemant.

416 Vingt-quatre petits Deſſins, ſujets des Graces, par Moreau le jeune, & Payſages par Pillement.

417 La Sainte Genevieve par Balechou.

418 La Préſentation au Temple, d'après Boulogne, & Eſter d'après Coypel.

419 Le Pere de famille, & le Silence, de Greuze, & diverſes autres piéces par différens Maîtres.

420 Les Muſiciens ambulans, par Wille, la Cléopâtre, la Dévideuſe, & autres piéces de cet habile Graveur, qui feront diviſées.

421 St. François de Paul, par M. Ardell, le vieux Rabbin & diuers autres ſujets agréables en maniere noire, qui feront diviſés.

422 Quatre Globes & Spheres montés ſur leur pied de bois.

423 Deux Teleſcopes très-bons, & Portatifs.

424 Un Cylindre & pluſieurs figures pour ledit Cylindre, ainſi que diverſes Vues colorées pour l'Optique.

F I N.

Lû & approuvé, ce 6 Mars 1770. COCHIN.

Vû l'Approbation, permis d'imprimer & diſtribuer, ce 7 Mars 1770. DE SARTINE.

www.ingramcontent.com/pod-product-compliance
Ingram Content Group UK Ltd.
Pitfield, Milton Keynes, MK11 3LW, UK
UKHW021623130726
13696UKWH00005B/2034